Impressum
Verlag: BABADADA GmbH, Nedderfeld 112 , 22529 Hamburg
Geschäftsführer / Verlagsleitung: Harald Hof
Druck: Books on Demand GmbH, In de Tarpen 42, 22848 Norderstedt

Imprint
Publisher: BABADADA GmbH, Nedderfeld 112 , 22529 Hamburg, Germany
Managing Director / Publishing direction: Harald Hof
Print: Books on Demand GmbH, In de Tarpen 42, 22848 Norderstedt

בית ספר

школа

כיתה
класна кімната
חילק
ділити
186/2
לוח
шкільний двір
מורה
вчитель
נייר
папір
כתב
писати
עט
ручка
שולחן עבודה
письмовий стіл
סרגל
лінійка
ספר
книга
תלמיד
учень

ילקוט

ранець

קלמר

пенал

עיפרון

олівець

מחדד

точило

גומי מחיקה

гумка

חוברת סרטוט

альбом для малювання

סרטוט

малюнок

מברשת

пензель

קופסת צבעים

коробка фарб

מספריים

ножиці

דבק

клей

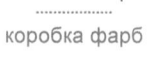

ספר תרגול

зошит

שיעור בית

домашнє завдання

מספר

число

חיבר

додавати

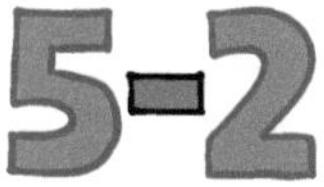

חיסר

віднімати

הכפיל

множити

חישב

рахувати

אות

літера

אלפבית

абетка

מילה

слово

טקסט
текст

קרא
читати

גיר
крейда

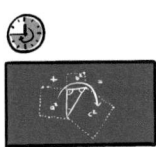

שיעור
година

יומן נוכחות
класний журнал

מבחן
екзамен

תעודה
диплом

תלבושת בית ספר
шкільна форма

חינוך
освіта

אנציקלופדיה
лексикон

אוניברסיטה
університет

מיקרוסקופ
мікроскоп

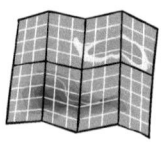

מפה
карта

סל נייר
кошик для паперу

נסיעה

подорож

מלון
готель
הוסטל
турбаза
המרת מטבע
обмінний пункт
מזוודה
валіза
אוטו
автомобіль

שפה

мова

כן / לא

так / ні

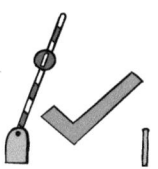

בסדר

добре

שלום

привіт

מתרגם

перекладач

תודה

дякую

כמה עולה.....?

Скільки коштує ...?

אני לא מבין

Я не розумію

בעיה

проблема

ערב טוב!

Добрий вечір!

בוקר טוב!

Доброго ранку!

לילה טוב!

На добраніч!

להתראות

До побачення

כיוון

напрямок

כבודה

багаж

תיק

сумка

תרמיל גב

рюкзак

אורח

гість

חדר

кімната

שק שינה

спальний мішок

אוהל

намет

מרכז מידע לתיירים

туристична інформація

חוף ים

пляж

כרטיס אשראי

кредитна картка

ארוחת בוקר

сніданок

ארוחת צהריים

обід

ארוחת ערב

вечеря

כרטיס

квиток

מעלית

ліфт

בול

поштова марка

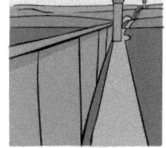

גבול

межа

מכס

митниця

שגרירות

посольство

אשרה

віза

דרכון

паспорт

תחבורה

транспорт

מטוס
літак
אונייה
корабель
כבאית
пожежна машина
אוטובוס
автобус
משאית
вантажний автомобіль
סירת מנוע
моторний човен
אופניים
велосипед
אוטו
автомобіль

מעבורת

пором

סירה

човен

אופנוע

мотоцикл

ניידת משטרה

поліцейська машина

מכונית מרוץ

гоночний автомобіль

רכב שכור

автомобіль на прокат

מכוניות בשיתוף

спільне користування авто

אוטו גרר

евакуатор

משאית זבל

сміттєвоз

מנוע

двигун

דלק

паливо

תחנת דלק

автозаправна станція

תמרור

дорожній знак

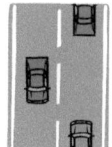

תנועה

рух

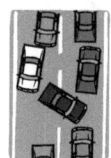

פקק תנועה

затор

חניה

стоянка

תחנת רכבת

вокзал

פסי רכבת

рейки

רכבת

потяг

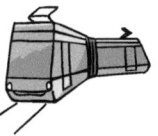

רכבת קלה

трамвай

קרון

вагон

מסוק

гелікоптер

שדה-תעופה

аеропорт

מגדל

вежа

נוסע

пасажир

קונטיינר

контейнер

קרטון

коробка

עגלה

візок

סל

кошик

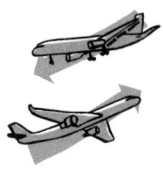

המראה / נחיתה

стартувати / приземлятися

עיר

місто

כפר

село

מרכז העיר

центр міста

בית

дім

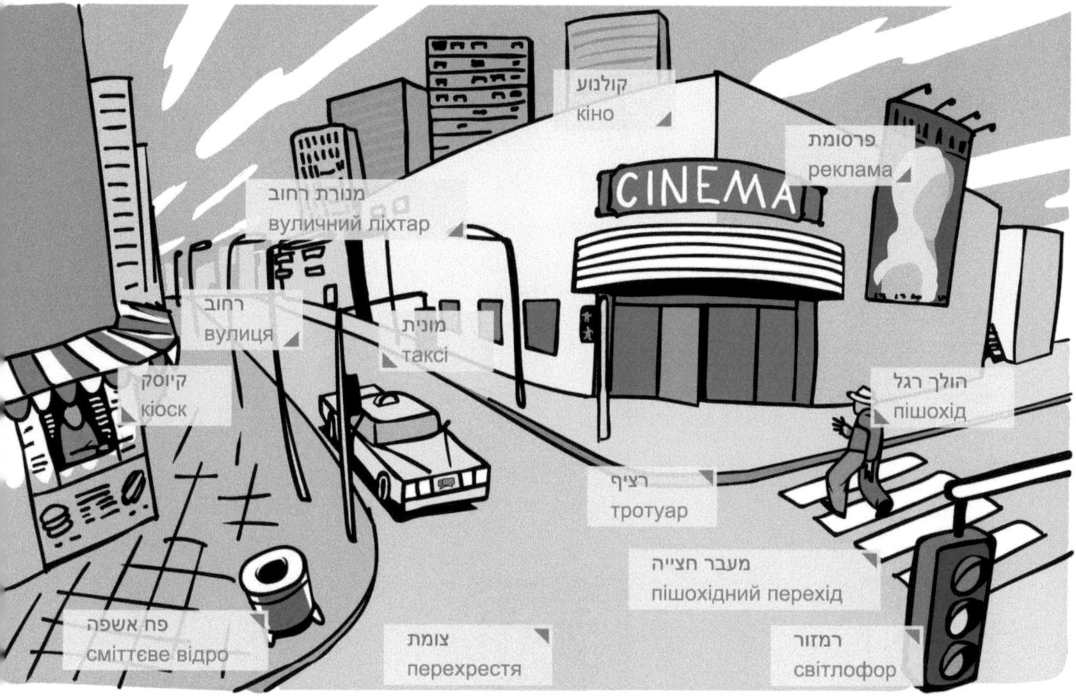
קולנוע
кіно
פרסומת
реклама
CINEMA
מנורת רחוב
вуличний ліхтар
רחוב
вулиця
מונית
таксі
קיוסק
кіоск
הולך רגל
пішохід
רציף
тротуар
מעבר חצייה
пішохідний перехід
פח אשפה
сміттєве відро
צומת
перехрестя
רמזור
світлофор

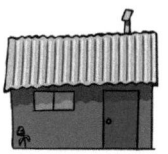

בקתה

хатина

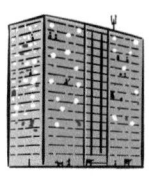

דירה

квартира

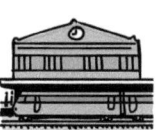

תחנת רכבת

вокзал

עירייה

ратуша

MUSEUM

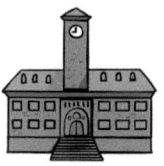

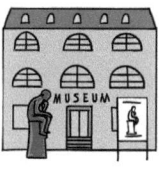

מוזיאון

музей

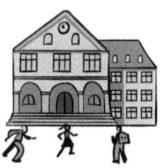

בית ספר

школа

אוניברסיטה

університет

בנק

банк

בית חולים

лікарня

מלון

готель

בית מרקחת

аптека

משרד

офіс

חנות ספרים

книжковий магазин

חנות

магазин

חנות פרחים

квітковий магазин

סופרמרקט

супермаркет

שוק

ринок

כל-בו

універмаг

מוכר דגים

торговець рибою

קניון

торговельний центр

נמל

гавань

פארק

парк

ספסל

лава

גשר

міст

מדרגות

сходи

רכבת תחתית

метро

מנהרה

тунель

תחנת אוטובוס

автобусна зупинка

בר

бар

מסעדה

ресторан

תא דואר

поштова скринька

שלט רחוב

вулична табличка

מדחן

лічильник паркування

גן חיות

зоопарк

בריכת שחיה

басейн

מסגד

мечеть

חווה

ферма

זיהום

забруднення навколишнього середовища

בית עלמין

кладовище

כנסייה

церква

מגרש משחקים

дитячий майданчик

בית מקדש

храм

נוף

ландшафт

עלה
листок
תמרור
вказівний стовп
דרך
шлях
מרעה
луг
אבן
камінь
עץ
дерево
מטייל
мандрівник
נהר
річка
דשא
трава
פרח
квітка

בקעה
долина

הר
гора

אגם
озеро

יער
ліс

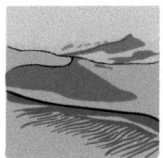

מדבר
пустеля

הר געש
вулкан

טירה
замок

קשת בענן
веселка

פטריה
гриб

דקל
пальма

יתוש
комар

זבוב
муха

נמלה
мурашка

דבורה
бджола

עכביש
павук

חיפושית

жук

צפרדע

жаба

סנאי

вивірка

קיפוד

їжак

ארנב

заєць

ינשוף

сова

ציפור

птах

ברבור

лебідь

חזיר בר

кабан

צבי

олень

אייל הקורא

лось

סכר

гребля

טורבינת רוח

вітряк

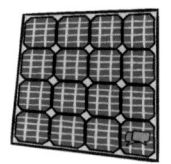

פנל סולארי

сонячний модуль

אקלים

клімат

מסעדה

ресторан

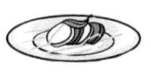

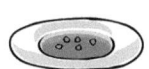

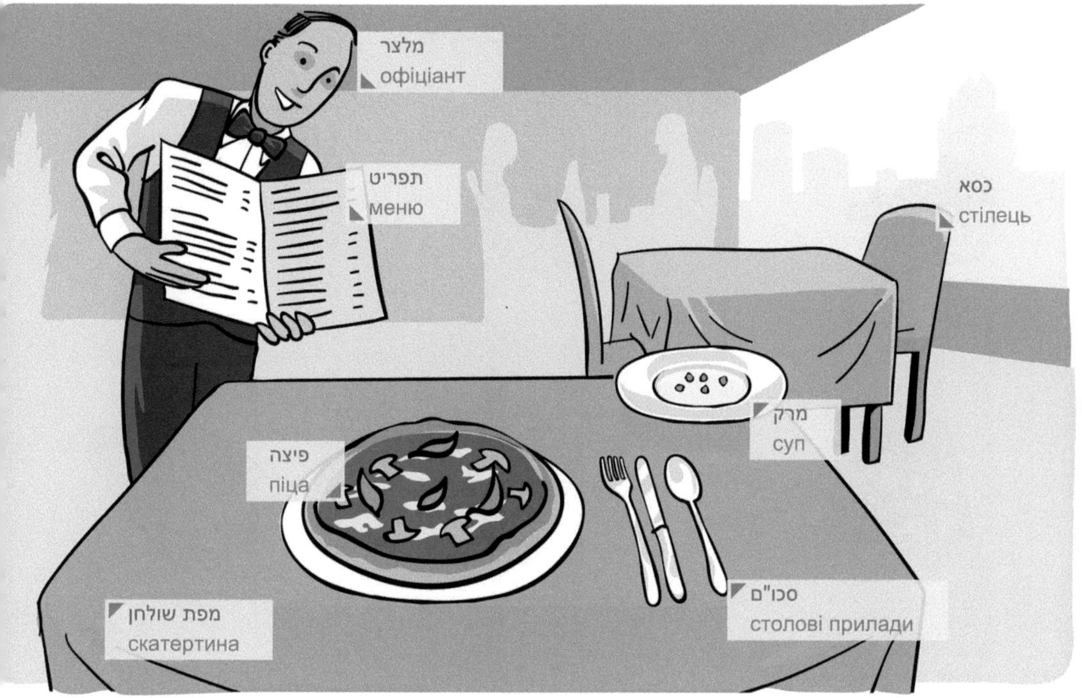
מלצר
офіціант
תפריט
меню
כסא
стілець
מרק
суп
פיצה
піца
סכו"ם
столові прилади
מפת שולחן
скатертина

מנת פתיחה

закуска

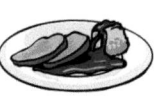

מנה עיקרית

друга страва

קינוח

десерт

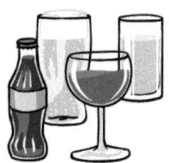

שתיות

напої

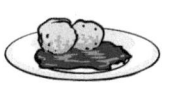

אוכל

їжа

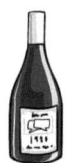

בקבוק

пляшка

מזון מהיר

фаст-фуд

אוכל רחוב

вулична їжа

קנקן תה

чайник

מסכרת

цукорниця

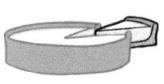

מנה

порція

מכונת אספרסו

еспресо-машина

כסא תינוק

високий стільчик

חשבון

рахунок

מגש

піднос

סכין

ніж

מזלג

вилка

כף

ложка

כפית

чайна ложка

מפית

серветка

כוס

склянка

מסעדה - ресторан

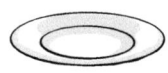

צלחת

тарілка

קערת מרק

тарілка для супу

תחתית

блюдце

רוטב

соус

מלחייה

солонка

מטחנת פלפל

млин для перцю

חומץ

оцет

שמן

масло

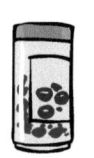

תבלינים

спеції

קטשופ

кетчуп

חרדל

гірчиця

מיונז

майонез

סופרמרקט

супермаркет

מבצע
пропозиція
לקוח
клієнт
מוצרי חלב
молочні продукти
פירות
фрукти
עגלת קניות
візок для покупок

אטליז

м'ясний магазин

מאפייה

пекарня

שקל

зважувати

ירקות

овочі

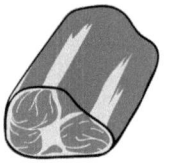

בשר

м'ясо

מזון קפוא

заморожені продукти

בשר קר

....

ковбасна нарізка

שימורים

....

консерви

אבקת כביסה

....

пральний порошок

ממתקים

....

солодощи

מוצרי בית

....

предмети домашнього побуту

חומר ניקוי

....

мийний засіб

מוכרת

....

продавщиця

קופה

....

каса

קופאי

....

касир

רשימת קניות

....

список покупок

שעות פתיחה

....

часи роботи

ארנק

....

гаманець

כרטיס אשראי

....

кредитна картка

תיק

....

сумка

שקית נילון

....

поліетиленовий пакет

שתיות

напої

מים

вода

מיץ

сік

חלב

молоко

קולה

кола

יין

вино

בירה

пиво

אלכוהול

алкоголь

קקאו

какао

תה

чай

קפה

кава

אספרסו

еспресо

קפוצ'ינו

капучіно

אוכל

їжа

בננה

банан

תפוח

яблуко

תפוז

апельсин

אבטיח

кавун

לימון

лимон

גזר

морква

שום

часник

במבוק

бамбук

בצל

цибуля

פטריות

гриб

אגוזים

горішки

אטריות

локшина

ספגטי

спагеті

אורז

рис

סלט

салат

צ'יפס

картопля фрі

צ'יפס

смажена картопля

פיצה

піца

המבורגר

гамбургер

כריך

бутерброд

שניצל

шніцель

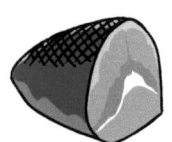

שינקין

шинка

סלאמי

салямі

נקניקיה

ковбаса

עוף

курка

טיגון

печеня

דג

риба

שיבולת שועל

вівсяні пластівці

מוזלי

мюслі

קורנפלקס

кукурудзяні пластівці

קמח

борошно

קרואסון

круасан

לחמנייה

булочка

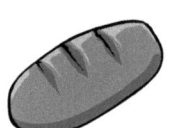

לחם

хліб

טוסט

тостовий хліб

עוגיות

печиво

חמאה

масло

גבינה לבנה

сир

עוגה

пиріг

ביצה

яйце

ביצת עין

яєчня

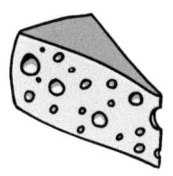

גבינה

сир

גלידה

морозиво

סוכר

цукор

דבש

мед

ריבה

мармелад

ממרח נוגט

нуга-крем

קארי

карі

חווה

ферма

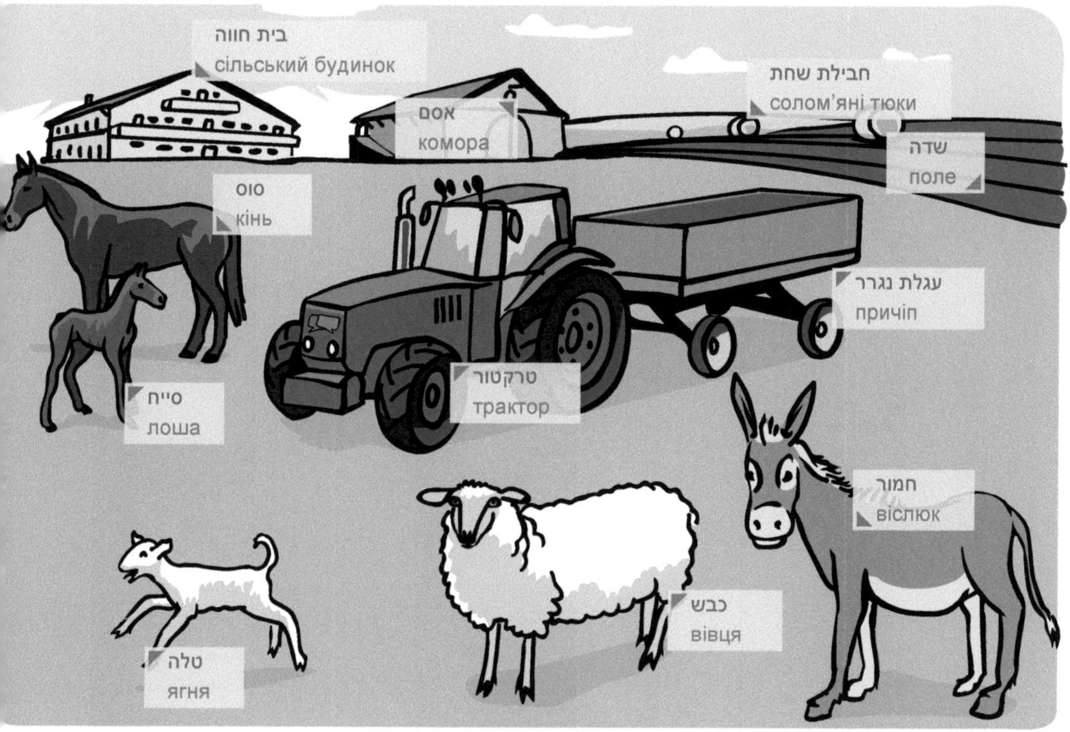
בית חווה
сільський будинок
אסם
комора
חבילת שחת
солом'яні тюки
שדה
поле
סוס
кінь
עגלת נגרר
причіп
סייח
лоша
טרקטור
трактор
חמור
віслюк
כבש
вівця
טלה
ягня

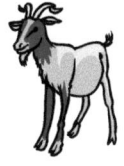

עז
....
коза

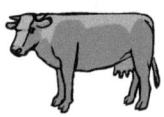

פרה
....
корова

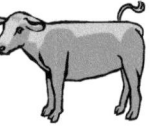

עגל
....
теля

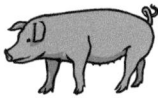

חזיר
....
свиня

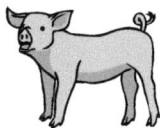

חזרזיר
....
порося

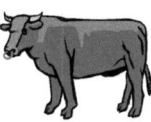

שור
....
бик

אווז

гусак

ברווז

качка

אפרוח

курча

תרנגולת

курка

תרנגול

півень

חולדה

щур

חתול

кіт

עכבר

миша

שור

віл

כלב

собака

מלונה

собача будка

צינור השקיה

садовий шланг

קנקן מים

лійка

חרמש

коса

מחרשה

плуг

מגל

серп

מגרפה

мотика

קלשון

вила

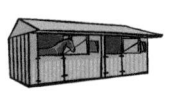

גרזן

сокира

מריצה

тачка

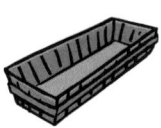

שוקת

корито

כד חלב

бідон молока

שק

мішок

גדר

паркан

אורווה

хлів

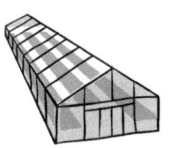

חממה

теплиця

אדמה

ґрунт

זרע

насіння

דשן

добриво

מקצרה

комбайн

קצר

пожинати

קציר

урожай

בטטה אפריקנית

корінь ямсу

חיטה

пшениця

סויה

соя

תפוח אדמה

картопля

תירס

кукурудза

קנולה

ріпак

עץ פירות

плодове дерево

קסבה

маніок

דגנים

злаки

בית

дім

ארובה
димохід
גג
дах
מרזב
водостічний лоток
חלון
вікно
מוסך
гараж
פעמון
дзвінок
דלת
двері
פח אשפה
відро для сміття
תיבת מכתבים
поштова скринька
גינה
сад

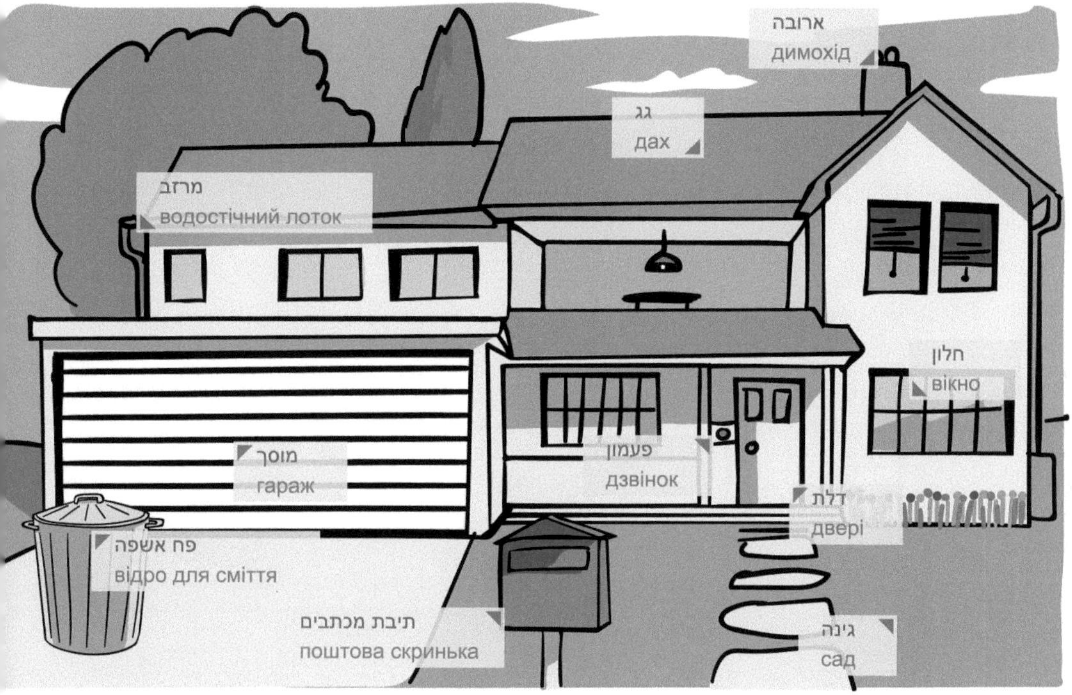

סלון

вітальня

חדר אמבטיה

ванна кімната

מטבח

кухня

חדר שינה

спальня

חדר ילדים

дитяча кімната

חדר אוכל

їдальня

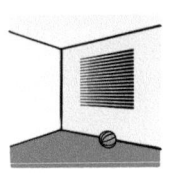

רצפה

підлога

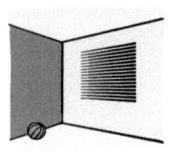

קיר

стіна

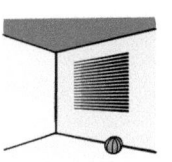

תקרה

стеля

מרתף

підвал

סאונה

сауна

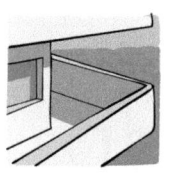

מרפסת

балкон

מרפסת

тераса

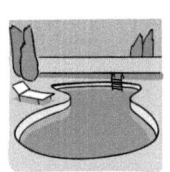

בריכה

басейн

מכסחת דשא

косарка

סדין

простирало

כיסוי מיטה

ковдра

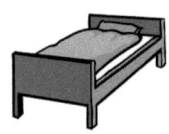

מיטה

ліжко

מטאטא

мітла

דלי

відро

מפסק

перемикач

סלון
вітальня

טפט
шпалери
תמונה
малюнок
מנורה
лампа
מדף
поличка
ארון
шафа
טלוויזיה
телевізор
אח
камін
פרח
квітка
כרית
подушка
ספה
диван
אגרטל
ваза
שלט רחוק
пульт

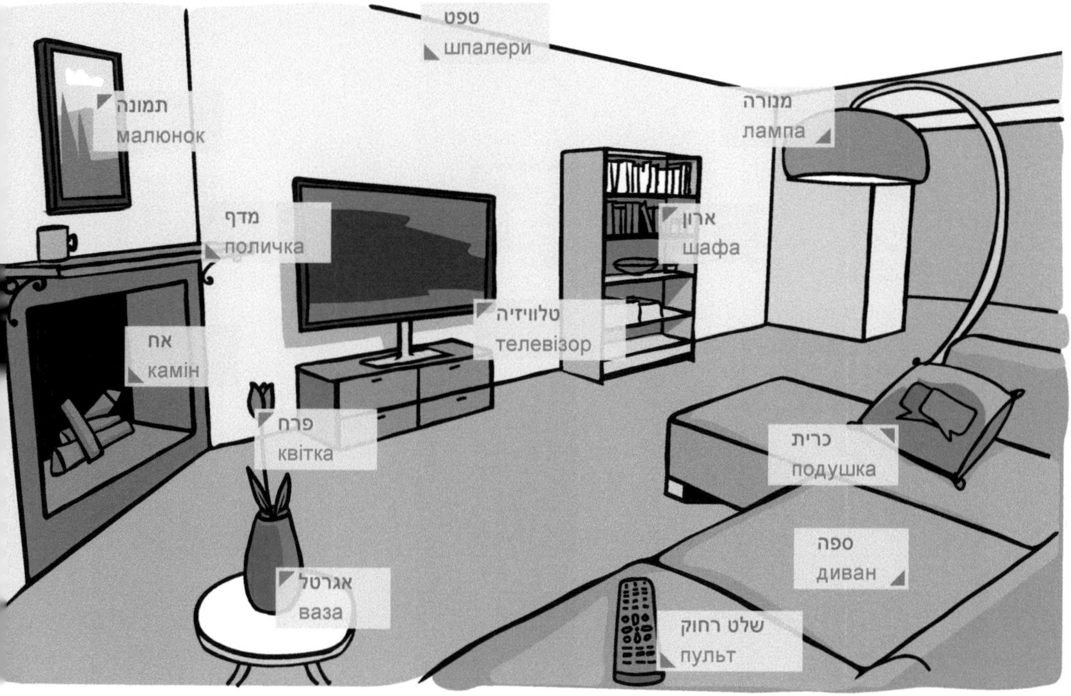

שטיח

килим

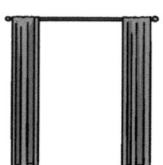

וילון

завіса

שולחן

стіл

כסא

стілець

כיסא נדנדה

крісло-гойдалка

כורסה

крісло

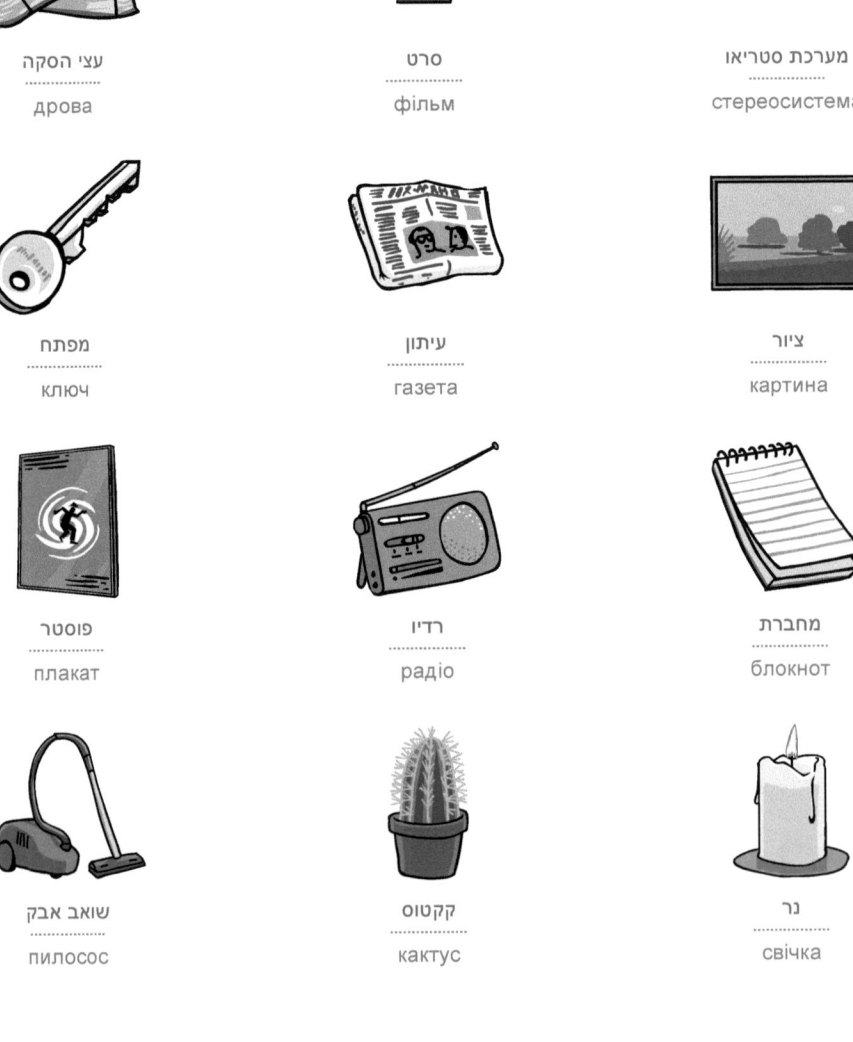

ספר

книга

שמיכה

ковдра

דקורציה

прикраса

עצי הסקה

дрова

סרט

фільм

מערכת סטריאו

стереосистема

מפתח

ключ

עיתון

газета

ציור

картина

פוסטר

плакат

רדיו

радіо

מחברת

блокнот

שואב אבק

пилосос

קקטוס

кактус

נר

свічка

מטבח

кухня

מקרר
холодильник
מיקרוגל
мікрохвильова піч
кухонні ваги
טוסטר
тостер
חומר ניקוי
мийний засіб
תנור
піч
מקפיא
морозильне відділення
פח אשפה
відро для сміття
מדיח כלים
посудомийна машина

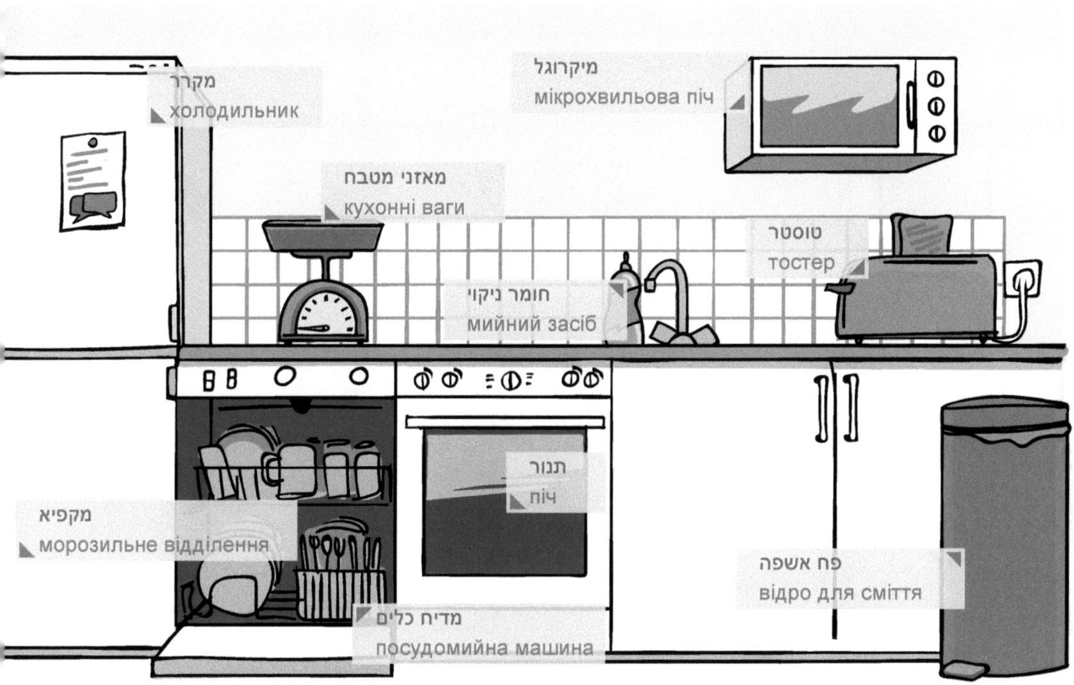

תנור
....
плита

סיר
....
горщик

סיר ברזל
....
чавунний горщик

ווק
....
вок / кадай

מחבת
....
сковорода

קומקום חשמלי
....
чайник

מאדה

пароварка

מגש אפייה

лист

כלי אוכל

посуд

ספל

кухоль

קערה

чаша

צ'ופסטיקס

палички для їжі

מצקת

черпак

מרית

лопатка

מטרפה

вінчик для збивання

מסננת בישול

сито

מסננת

сито

מגרדת

терка

מכתש

ступка

גריל

барбекю

מדורה

багаття

קרש חיתוך

дошка

מערוך

качалка

פותחן פקקים

штопор

פחית

конзерва

פותחן קופסאות

відкривачка

מטלית

прихватки

כיור

раковина

מברשת

щітка

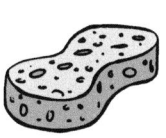

ספוג

губка

בלנדר

міксер

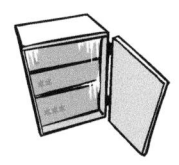

מקפיא

морозильна камера

בקבוק לתינוק

дитяча пляшка

ברז

кран

חדר אמבטיה

ванна кімната

חימום
опалення
מקלחת
душ
מגבת
рушник
וילון מקלחת
душова завіса
אמבטיית קצף
пінистa ванна
אמבטיה
ванна
כוס
склянка
מכונת כביסה
пральна машина
ברז
кран
אריחים
плитка
סיר לילה
горшок
כיור
раковина

אסלה

туалет

אסלת כריעה

підлоговий туалет

בידה

біде

משתנה

пісуар

נייר טואלט

туалетний папір

מברשת אסלה

щітка для туалету

מברשת שיניים

зубна щітка

משחת שיניים

зубна паста

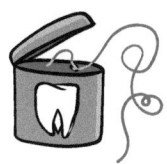

חוט דנטלי

нитка для чищення зубів

שטף

мити

מקלחת יד

ручний душ

צינור שטיפה לשירותים

інтимний душ

קערת רחצה

таз

מברשת גב

щітка для спини

סבון

мило

ג'ל רחצה

гель для душу

שמפו

шампунь

ליפה

мочалка

ניקוז

водостік

קרם

крем

דיאודורנט

дезодорант

מראה

дзеркало

מראת יד

косметичне дзеркало

סכין גילוח

бритва

קצף גילוח

піна для гоління

אפטרשייב

лосьйон після гоління

מסרק

гребінь

מברשת

щітка

מייבש שיעור

фен

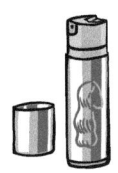

ספריי לשיער

лак для волосся

איפור

косметика

שפתון

губна помада

לק

лак для нігтів

צמר גפן

вата

מספריים לציפורניים

ножиці для нігтів

בושם

парфум

תיק כלי רחצה

косметичка

שרפרף

табурет

משקל

ваги

חלוק רחצה

халат

כפפות גומי

гумові рукавички

טמפון

тампон

תחבושת סניטרית

гігієнічні прокладки

שירותים כימיקליים

біотуалет

חדר ילדים

дитяча кімната

שעון מעורר
будильник
צעצוע חיבוק
м'яка іграшка
מכונית צעצוע
іграшковий автомобіль
רעשן
брязкальце
בית בובות
ляльковий будиночок
מתנה
подарунок

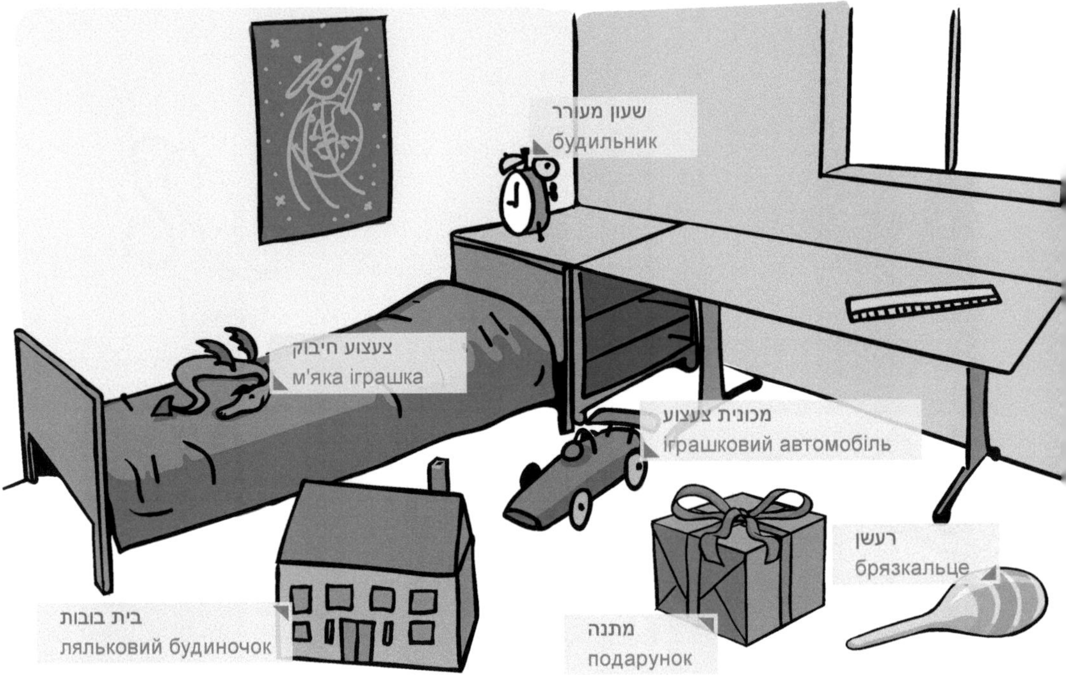

בלון

повітряна кулька

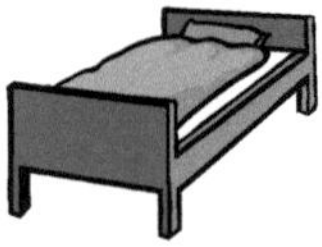

מיטה

ліжко

עגלה

дитячий візок

משחק קלפים

картярська гра

פאזל

пазл

קומיקס

комікс

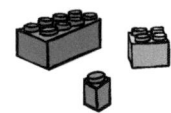

לגו
....
лего цеглинки

קוביות משחק
....
блоки

דמות משחק
....
іграшкова фігурка

סרבל תינוקות
....
повзунки

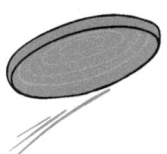

פריזבי
....
фризбі

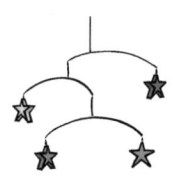

נייד
....
мобіле

משחק לוח
....
настільна гра

קוביה
....
кубик

רכבת צעצוע
....
модель залізнична станція

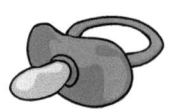

מוצץ
....
соска

מסיבה
....
вечірка

אלבום תמונות
....
книжка з картинками

כדור
....
м'яч

בובה
....
лялька

שיחק
....
грати

ארגז חול

пісочниця

נדנדה

гойдалка

צעצועים

іграшка

קונסולת משחקים

гральна консоль

אופניים תלת גלגלי

триколісний велосипед

דובון

плюшевий мішка

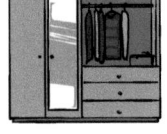

ארון בגדים

шафа

בגדים

ОДЯГ

גרביים

шкарпетки

גרביונים

панчохи

גרביון

колготки

צעיף
шарф

מטריה
парасоля

חולצת טי
футболка

חגורה
ремінь

מגפיים
чоботи

נעלי בית
домашнє взуття

נעלי ספורט
кросівки

סנדלים
сандалі

נעליים
взуття

מגפי גומי
гумові чоботи

תחתונים
труси

חזייה
бюстгальтер

וסט
нижня сорочка

גוף
боді

מכנסיים
штани

ג'ינס
джинси

חצאית
спідниця

חולצה מכופתרת
блузка

חולצה
сорочка

אפודה
пуловер

סווצ'ר עם קפוצ'ון
светр

בלייזר
піджак

ז'קט
куртка

מעיל
пальто

מעיל גשם
дощовик

תלבושת
костюм

שמלה
сукня

שמלת כלה
весільна сукня

חליפה

костюм

כותונת לילה

нічна сорочка

פיג'מה

піжама

סארי

сарі

מטפחת ראש

головна хустка

טורבן

чалма

בורקה

бурка

קאפטן

кафтан

עבאיה

абая

בגד ים

купальник

בגד ים

плавки

מכנסיים קצרים

шорти

בגד אימון

тренувальний костюм

סינר

фартух

כפפות

рукавички

כפתור

гудзик

משקפיים

окуляри

צמיד יד

браслет

שרשרת

ланцюг

טבעת

кільце

עגיל

сережка

כובע

шапка

קולב

плічка

כובע

капелюх

עניבה

краватка

רוכסן

застібка-блискавка

קסדה

шолом

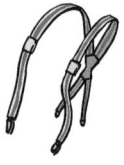

כתפיות

підтяжки

תלבושת בית ספר

шкільна форма

מדים

уніформа

מפית אוכל

нагрудник

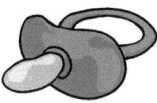

מוצץ

соска

חיתול

підгузок

משרד

офіс

שרת
сервер
תיקייה
шаф для документів
נייר
папір
מדפסת
принтер
מסך
монітор
עכבר
миша
שולחן עבודה
письмовий стіл
תיק
папка
מקלדת
синтезатор
סל נייר
кошик для паперу
מחשב
комп'ютер
כסא
стілець

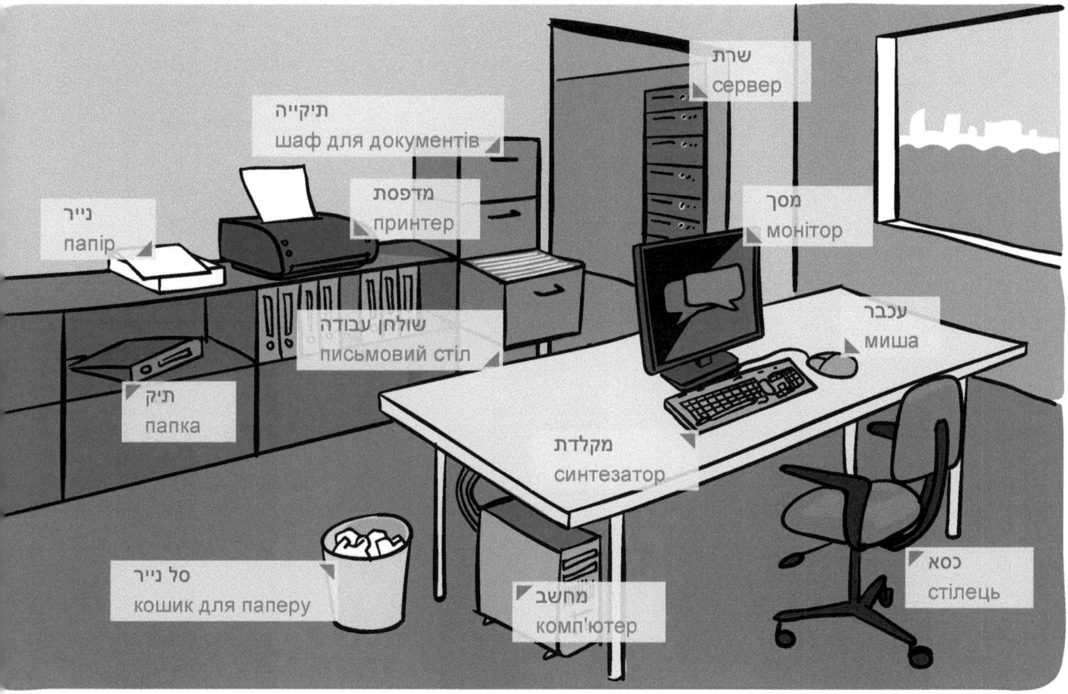

ספל קפה

кавовий кухоль

מחשבון

калькулятор

אינטרנט

інтернет

מחשב נייד

ноутбук

מכתב

лист

הודעה

повідомлення

נייד

мобільний телефон

רשת

мережа

מכונת צילום

копіювальний пристрій

תוכנה

програмне забезпечення

טלפון

телефон

שקע

розетка

פקס

факс

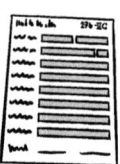

טופס

бланк

מסמך

документ

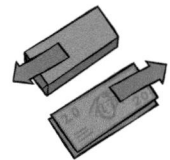

כלכלה

економіка

קנה

купувати

שילם

платити

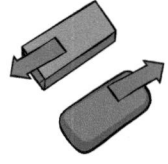

סחר

торгувати

כסף

гроші

דולר

долар

יורו

євро

ין

ієна

רובל

рубль

פרנק שווייצרי

франк

יואן רנמינבי

юанів женьміньбі

רופי

рупія

כספומט

банкомат

המרת מטבע

обмінний пункт

זהב

золото

כסף

срібло

נפט

нафта

אנרגיה

енергія

מחיר

ціна

חוזה

контракт

מס

податок

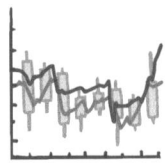

מנייה

акція

עבד

працювати

עובד

працівник

מעסיק

роботодавець

מפעל

фабрика

חנות

магазин

מקצועות
професії

שוטר
поліцейський
כבאי
пожежник
טבח
повар
רופא
лікар
טייס
пілот

גנן
садівник

נגר
столяр

תופרת
швачка

שופט
суддя

כימאי
хімік

שחקן
актор

נהג אוטובוס

водій автобуса

נהג מונית

таксист

דייג

рибалка

עובדת נקיון

прибиральниця

מתקן גגות

покрівельник

מלצר

офіціант

צייד

мисливець

צייר

художник

אופה

пекар

חשמלאי

електрик

עובד בניין

будівельник

מהנדס

інженер

קצב

забійник

אינסטלטור

бляхар

דוור

листоноша

חייל

солдат

אדריכל

архітектор

קופאי

касир

מוכר פרחים

флорист

ספר

перукар

כרטיסן

кондуктор

מכונאי

механік

קברניט

капітан

רופא שיניים

дантист

מדען

вчений

רב

рабин

אימאם

імам

נזיר

монах

כומר

пастор

כלי עבודה
інструменти

צבת
щипці
פטיש
молоток
מברג
викрутка
פנס
кишеньковий лі
מפתח ברגים
гайковий ключ

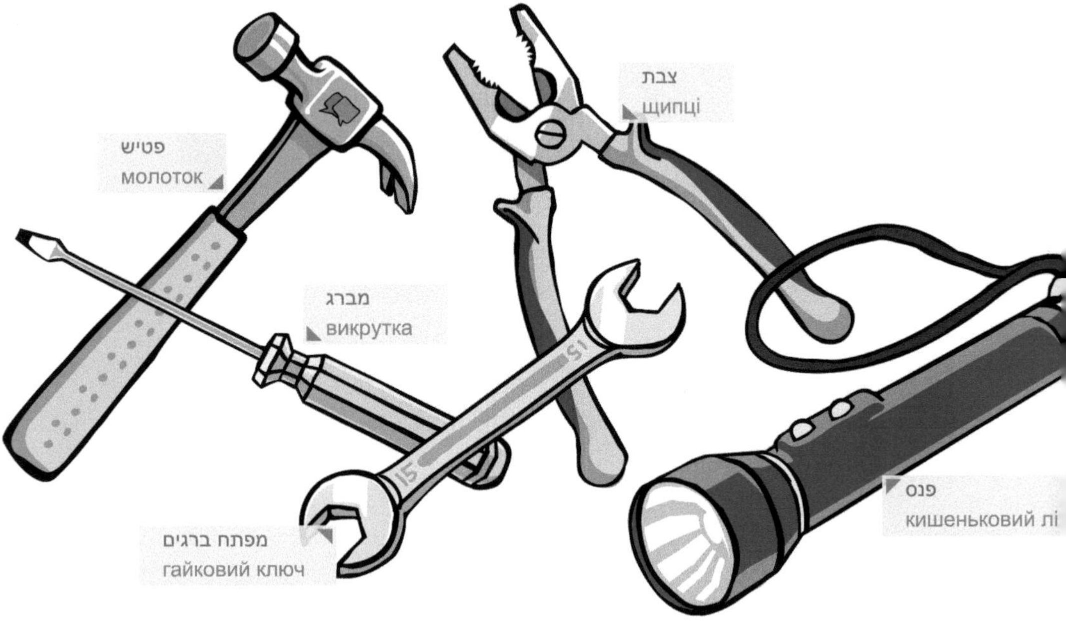

דחפור

екскаватор

ארגז כלים

ящик для інструментів

סולם

драбина

מסור

пилка

מסמרים

цвяхи

מקדחה

свердло

תיקן

ремонтувати

את חפירה

лопата

לעזאזל!

лайно!

יעה

совок

פח צבע

відро з фарбою

ברגים

гвинти

כלי נגינה

музичні інструменти

רמקול
динамік
מערכת תופים
ударна установка
גיטרה
гітара
קונטראבס
контрабас
חצוצרה
труба

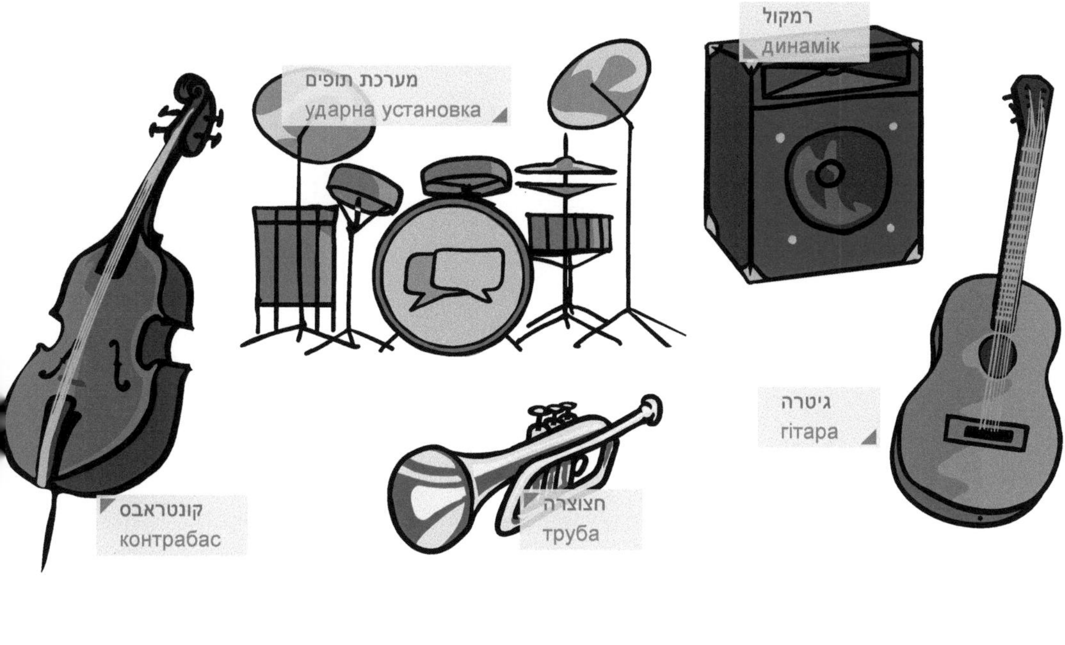

פסנתר

фортепіано

כינור

скрипка

בס

бас

תוף הדוד

литаври

תופים

барабан

מקלדת פסנתר

клавіатура

סקסופון

саксофон

חליל

флейта

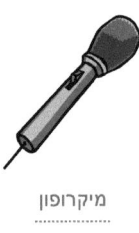

מיקרופון

мікрофон

כניסה
вхід

נמר
тигр

כלוב
клітка

זברה
зебра

מזון לחיות
корм

פנדה
панда

בעלי חיים

тварини

פיל

слон

קנגרו

кенгуру

קרנף

носоріг

גורילה

горила

דוב

ведмідь

גמל

верблюд

יען

страус

אריה

лев

קוף

мавпа

פלמינגו

фламінго

תוכי

папуга

דוב הקרח

білий ведмідь

פינגווין

пінгвін

כריש

акула

טווס

павич

נחש

змія

תנין

крокодил

שומר גן החיות

працівник зоопарку

כלב ים

тюлень

יגואר

ягуар

סוס פוני

поні

לאופרד

леопард

היפופוטאם

гіпопотам

ג'ירפה

жираф

נשר

орел

חזיר בר

кабан

דג

риба

צב

черепаха

סוס ים

морж

שועל

лисиця

איילה

газель

ספורט

спорт

פוטבול אמריקאי
американський футбол
רכיבת אופניים
їзда на велосипеді
טניס
теніс
כדורסל
баскетбол
שחיה
плавання
אגרוף
бокс
הוקי
хокей

כדורגל

футбол

בדמינטון

бадмінтон

אתלטיקה

легка атлетика

כדור-יד

гандбол

עשה סקי

лижні перегони

פולו

поло

קפץ
стрибати

צחק
сміятися

חיבק
обіймати

הלך
йти

שר
співати

חלם
мріяти

התפלל
молитися

נשק
цілувати

כתב
писати

צייר
малювати

הראה
показувати

דחף
тиснути

נתן
давати

לקח
брати

היה

бути

עשה

робити

יש / להיות הבעלים

мати

משך

тягнути

רץ

бігати

עמד

стояти

שכב

лежати

נפל

падати

זרק

кидати

ישב

сидіти

סחב

носити

חיכה

очікувати

התעורר

просипатися

ישן

спати

התלבש

одягати

הסתכל ב-

дивитися

בכה

плакати

ליטף

гладити

סירק

розчісувати

דיבר

розмовляти

הבין

розуміти

שאל

питати

שמע

слухати

שתה

пити

אכל

їсти

סידר

прибирати

אהב

любити

בישל

варити

נהג

їхати

עף

літати

שט

йти під вітрилом

חישב

рахувати

קרא

читати

למד

вчитися

עבד

працювати

התחתן

одружуватися

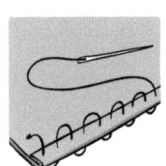

תפר

шити

ציחצח שיניים

чистити зуби

הרג

убивати

עישן

курити

שלח

посилати

משפחה

сім'я

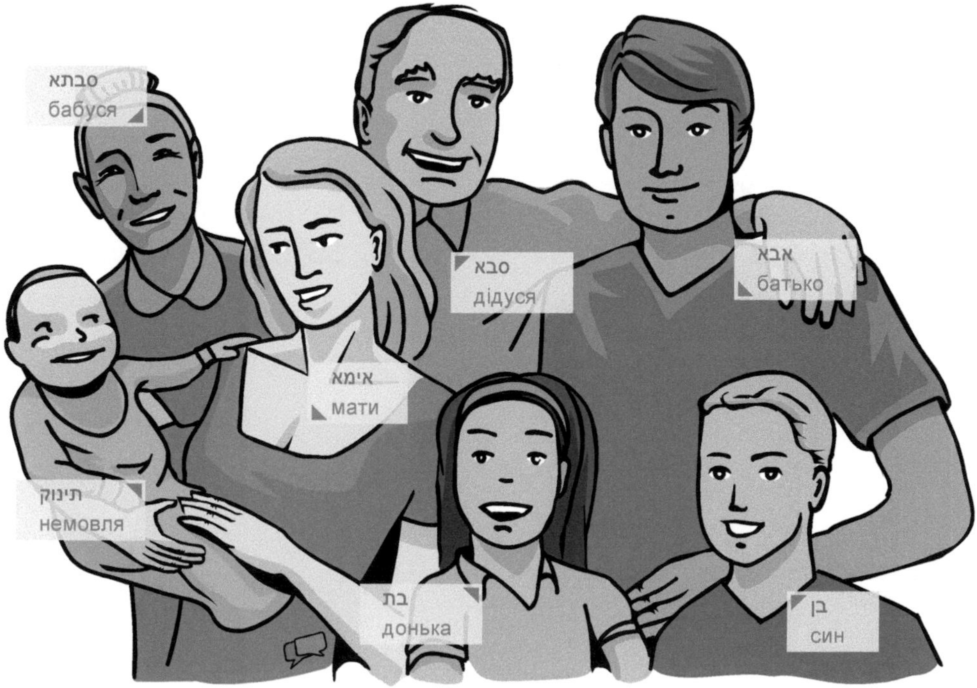
סבתא
бабуся
סבא
дідуся
אבא
батько
אימא
мати
תינוק
немовля
בת
донька
בן
син

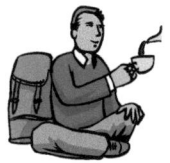

אורח

гість

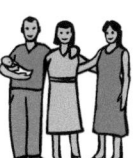

דודה

тітка

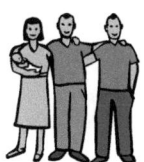

דוד

дядько

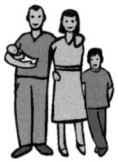

אח

брат

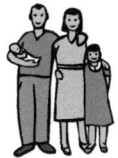

אחות

сестра

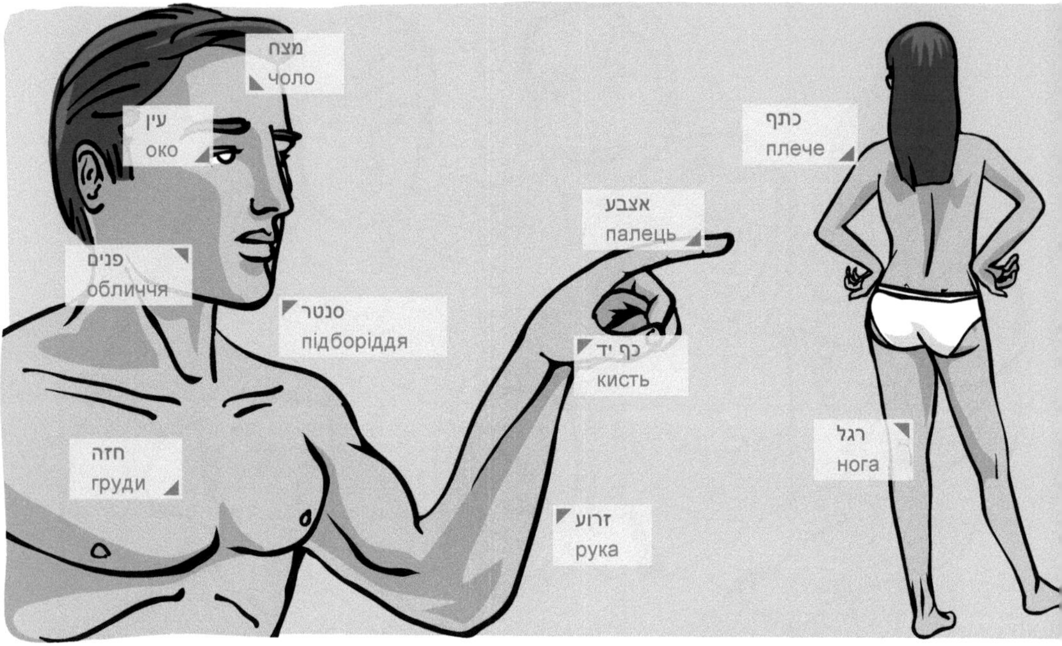

מצח
чоло

עין
око

כתף
плече

אצבע
палець

פנים
обличчя

סנטר
підборіддя

כף יד
кисть

חזה
груди

רגל
нога

זרוע
рука

תינוק

немовля

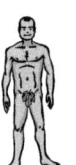

איש

чоловік

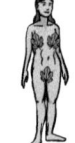

אישה

жінка

ילדה

дівчина

ילד

хлопчик

ראש

голова

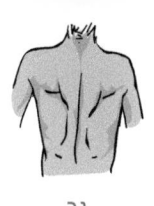

גב
спина

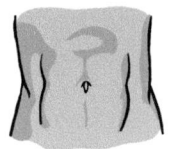

בטן
живіт

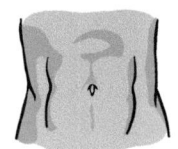

טבור
пуп

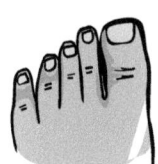

אצבע
палець ноги

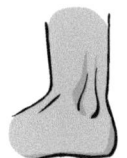

עקב
п'ята

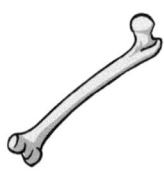

עצם
кістка

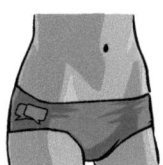

ירך
стегно

ברך
коліно

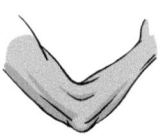

מרפק
лікоть

אף
ніс

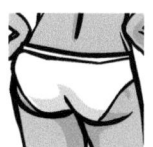

עכוז
сідниці

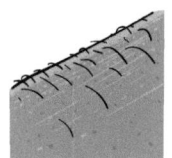

עור
шкіра

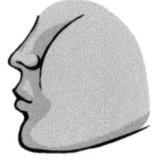

לחי
щока

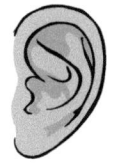

אוזן
вухо

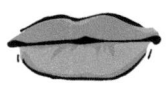

שפתיים
губа

פה

рот

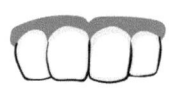

שֵׁן

зуб

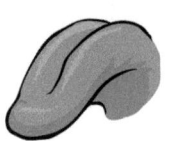

לשון

язик

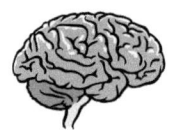

מוח

мозок

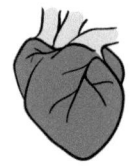

לב

серце

שריר

м'яз

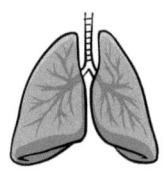

ריאה

легені

כבד

печінка

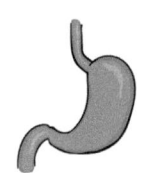

קיבה

шлунок

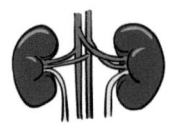

כליות

нирки

מין

статевий акт

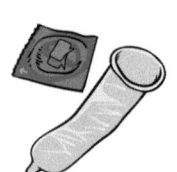

קונדום

презерватив

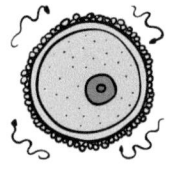

ביצית

яйцеклітина

זרע

сперма

הריון

вагітність

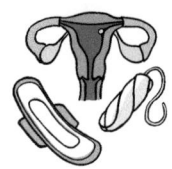

ווסת

менструація

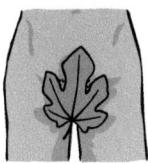

נרתיק

вагіна

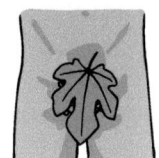

פין

пеніс

גבה

брова

שיער

волосся

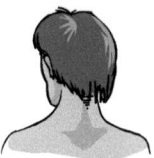

צוואר

шия

בית חולים
лікарня

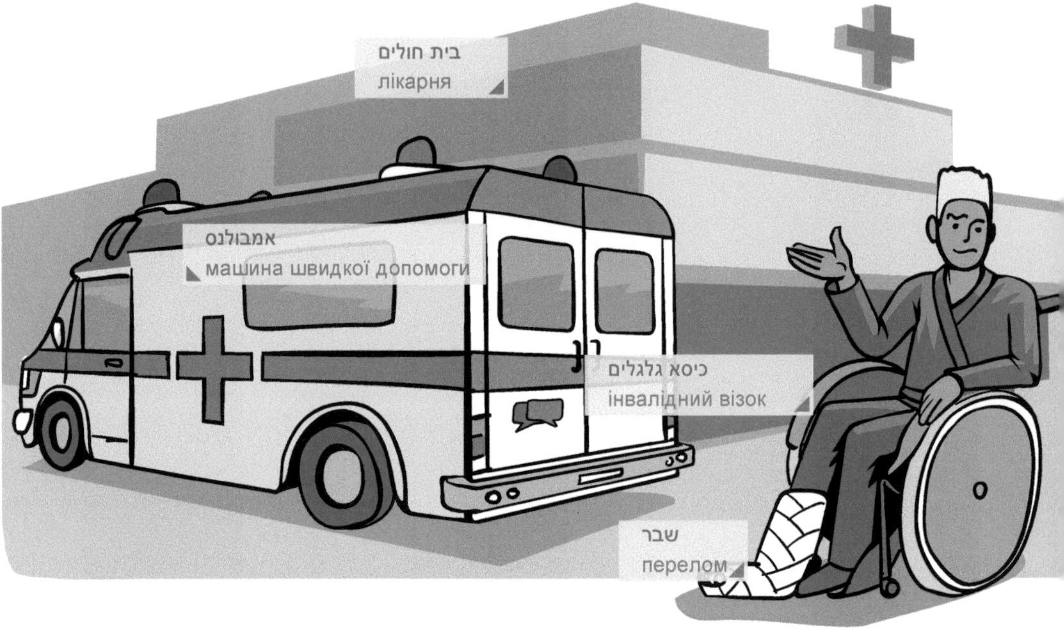

בית חולים
лікарня
אמבולנס
машина швидкої допомоги
כיסא גלגלים
інвалідний візок
שבר
перелом

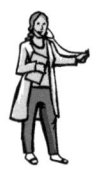

רופא

лікар

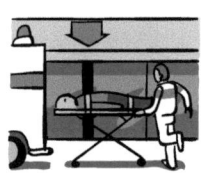

חדר מיון

відділення швидкої медичної допомоги

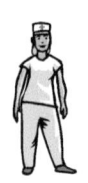

אחות

медсестра

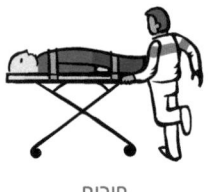

חירום

аварійний випадок

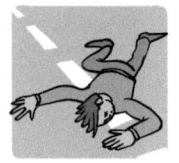

חסר הכרה

непритомний

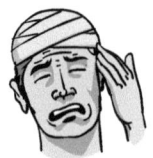

כאב

біль

פציעה
травма

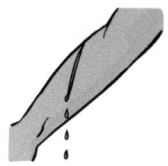

דימום
кровотеча

התקף לב
інфаркт

שבץ
інсульт

אלרגיה
алергія

שיעול
кашель

חום
лихоманка

שפעת
грип

שלשול
пронос

כאב ראש
головна біль

סרטן
рак

סוכרת
діабет

מנתח
хірург

אזמל
скальпель

ניתוח
операція

סי-טי

КТ

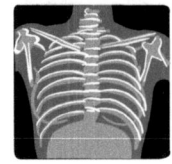

רנטגן

рентген

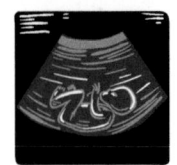

אולטרסאונד

ультразвук

מסיכת פנים

маска

מחלה

хвороба

חדר המתנה

зал очікування

קבה

милиця

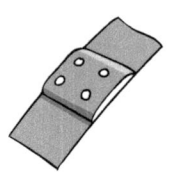

פלסטר

пластир

תחבושת

пов’язка

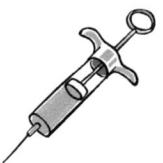

זריקה

ін'єкція

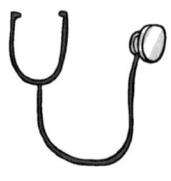

סטטוסקופ

стетоскоп

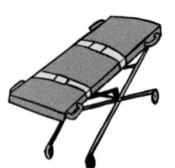

אלונקה

ноші

מד חום

термометр

לידה

народження

עודף משקל

надмірна вага

מכשיר שמיעה

слуховий апарат

מחטא

дезінфікуючий засіб

זיהום

інфекція

נגיף

вірус

איידס

ВІЛ / СНІД

תרופה

медицина

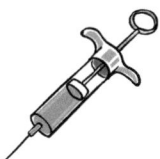

חיסון

вакцинація

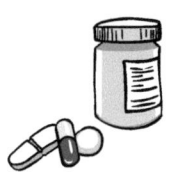

טבליות

таблетки

גלולה

протизаплідна пігулка

קריאת חירום

екстрений виклик

מד לחץ דם

тонометр

חולה / בריא

хворий / здоровий

חירום

аварійний випадок

הצילו!

Допоможіть!

אזעקה

сигнал тривоги

פשיטה

напад

תקיפה

атака

סכנה

небезпека

יציאת חירום

аварійний вихід

אש!

Вогонь!

מטף כיבוי

вогнегасник

תאונה

аварія

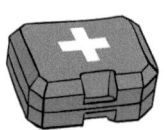

ערכת עזרה ראשונה

аптечка

הצילו!

СОС

משטרה

поліція

כדור הארץ
Земля

אירופה

Європа

צפון אמריקה

Північна Америка

דרום אמריקה

Південна Америка

אפריקה

Африка

אסיה

Азія

אוסטרליה

Австралія

האוקיינוס האטלנטי

Атлантика

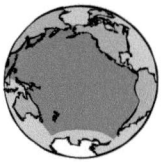

האוקיינוס השקט

Тихий океан

האוקיינוס ההודי

Індійський океан

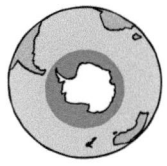

האוקיינוס האנטרקטי

Антарктичний океан

האוקיינוס הארקטי

Північний Льодовитий океан

הקוטב הצפוני

Північний полюс

הקוטב הדרומי

Південний полюс

אנטארקטיקה

Антарктика

כדור הארץ

Земля

אדמה

суша

ים

море

אי

острів

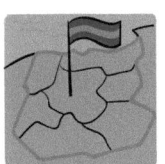

לאום

нація

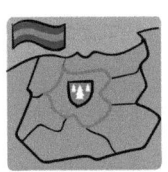

מדינה

держава

שעון

годинник

פני השעון

циферблат

מחוג השעות

годинникова стрілка

מחוג הדקות

хвилинна стрілка

מחוג השניות

секундна стрілка

מה השעה?

Котра година?

יום

день

זמן

час

עכשיו

зараз

שעון דיגיטלי

цифровий годинник

דקה

хвилина

שעה

година

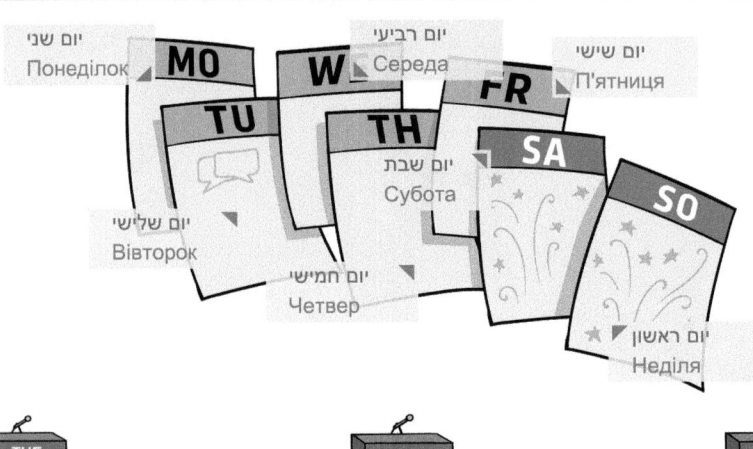

יום שני — Понеділок
יום רביעי — Середа
יום שישי — П'ятниця
יום שלישי — Вівторок
יום שבת — Субота
יום חמישי — Четвер
יום ראשון — Неділя

אתמול

вчора

היום

сьогодні

מחר

завтра

בוקר

ранок

צהריים

опівдні

ערב

вечір

MO	TU	WE	TH	FR	SA	SU
1	2	3	4	5	6	7
8	9	10	11	12	13	14
15	16	17	18	19	20	21
22	23	24	25	26	27	28
29	30	31	1	2	3	4

ימי עבודה

робочі дні

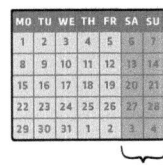

MO	TU	WE	TH	FR	SA	SU
1	2	3	4	5	6	7
8	9	10	11	12	13	14
15	16	17	18	19	20	21
22	23	24	25	26	27	28
29	30	31	1	2	3	4

סוף שבוע

кінець робочого тижня

שנה

рік

גשם
дощ
קשת בענן
веселка
רוח
вітер
שלג
сніг
אביב
весна
קיץ
літо
סתיו
осінь
חורף
зима

4.APRIL 11°
5.APRIL 4°
6.APRIL 13°
7.APRIL 8°
8.APRIL 10°

תחזית מזג האוויר
....
прогноз погоди

מד חום
....
термометр

אור שמש
....
сонячне світло

ענן
....
хмара

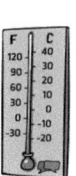

ערפל
....
туман

לחות
....
вологість повітря

ברק

блискавка

רעם

грім

סערה

шторм

ברד

град

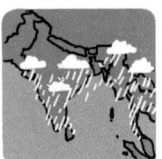

רוח עונתי

мусон

שיטפון

повінь

קרח

лід

ינואר

Січень

פברואר

Лютий

מרץ

Березень

אפריל

Квітень

מאי

Травень

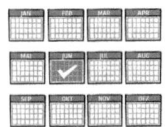

יוני

Червень

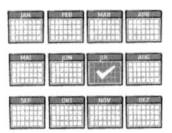

יולי

Липень

אוגוסט

Серпень

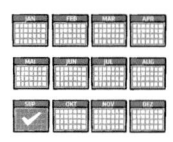

ספטמבר
....
Вересень

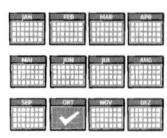

אוקטובר
....
Жовтень

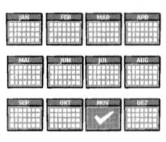

נובמבר
....
Листопад

דצמבר
....
Грудень

צורות

форми

עיגול
....
круг

מרובע
....
квадрат

מלבן
....
прямокутник

משולש
....
трикутник

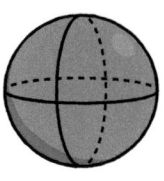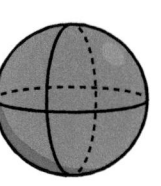

כדור
....
куля

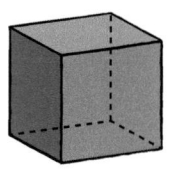

קובייה
....
куб

צבעים

фарби

לבן

білий

צהוב

жовтий

כתום

помаранчевий

ורוד

рожевий

אדום

червоний

סגול

фіолетовий

כחול

синій

ירוק

зелений

חום

коричневий

אפור

сірий

שחור

чорний

הרבה / מעט

багато / мало

כועס / רגוע

лютий / мирний

יפה / מכוער

гарний / бридкий

התחלה / סוף

початок / кінець

גדול / קטן

великий / малий

בהיר / כהה

світлий / темний

אח / אחות

брат / сестра

נקי / מלוכלך

чистий / брудний

שלם / חלקי

завершений /
незавершений

יום /לילה

день / ніч

מת / חי

мертвий / живий

רחב / צר

широкий / вузький

אכיל / לא אכיל

їстівний / неїстівний

רשע / טוב לב

злий / дружній

מתרגש / משועמם

збуджений / нудьгуючий

שמן / רזה

товстий / тонкий

ראשון / אחרון

спочатку / востаннє

חבר / אויב

друг / ворог

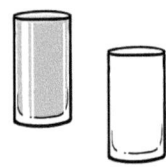

מלא / ריק

повний / порожній

קשה / רך

жорсткий / м'який

כבד / קל

важкий / легкий

רעב / צמא

голод / спрага

חולה / בריא

хворий / здоровий

בלתי-חוקי / חוקי

незаконний / законний

נבון / טיפש

розумний / дурний

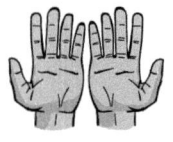

שמאל / ימין

вліво / вправо

קרוב / רחוק

поруч / далеко

חדש / משומש

новий / використаний

כלום / משהו

нічого / щось

זקן / צעיר

старий / молодий

פעיל / כבוי

вкл / викл

פתוח / סגור

відкрито / закрито

שקט / רועש

тихо / гучно

עשיר / עני

багатий / бідний

נכון / שגוי

правильно / неправильно

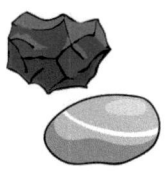

מחוספס / חלק

шорсткий / гладкий

עצוב / שמח

сумний / щасливий

קצר / ארוך

короткий / довгий

איטי / מהיר

повільно / швидко

רטוב / יבש

вологий / сухий

חם / קר

гарячий / холодний

מלחמה / שלום

війна / мир

מספרים
числа

0	1	2
אפס	אחת	שתיים
нуль	один	два
3	4	5
שלוש	ארבע	חמש
три	чотири	п'ять
6	7	8
שש	שבע	שמונה
шість	сім	вісім
9	10	11
תשע	עשר	אחת-עשרה
дев'ять	десять	одинадцять

12

שתים-עשרה

дванадцять

13

שלוש-עשרה

тринадцять

14

ארבע-עשרה

чотирнадцять

15

חמש-עשרה

п'ятнадцять

16

שש-עשרה

шістнадцять

17

שבע-עשרה

сімнадцять

18

שמונה-עשרה

вісімнадцять

19

תשע-עשרה

дев'ятнадцять

20

עשרים

двадцять

100

מאה

сто

1.000

אלף

тисяча

1.000.000

מיליון

мільйон

שפות

мови

אנגלית

англійська

אנגלית אמריקאית

американська англійська

סינית מנדרינית

китайська високочиновницька

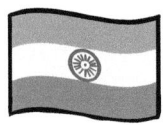

הודית

хінді

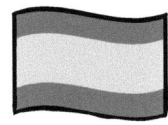

ספרדית

іспанська

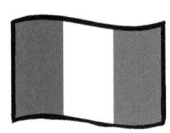

צרפתית

французька

ערבית

арабська

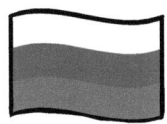

רוסית

російська

פורטוגזית

португальська

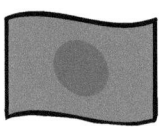

בנגלית

бенгальська

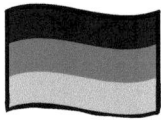

גרמנית

німецька

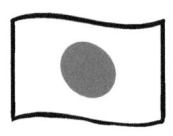

יפנית

японська

מי / מה / איך

хто / що / як

אני

я

אתה / את

ти

הוא / היא / זה

він / вона / воно

אנחנו

ми

אתם

ви

הם

вони

מי?

хто?

מה?

що?

איך?

як?

איפה?

де?

מתי?

коли?

שם

ім'я

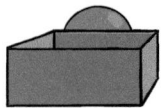

מאחור

ззаду

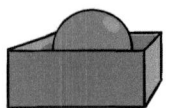

בתוך

в

לפני

перед

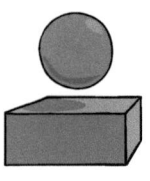

מעל

над

על

на

מתחת

під

ליד

біля

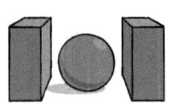

בין

між

מקום

місце